Wendel Schäfer
Krone im Kopf

Wendel Schäfer

Krone im Kopf

Epigramme

6750 Kaiserslautern

Grafiken von Wendel Schäfer
ISBN 3-88717-158-6

I
Frieden ist erst übermorgen

Ich bin
der

halbe Hahn

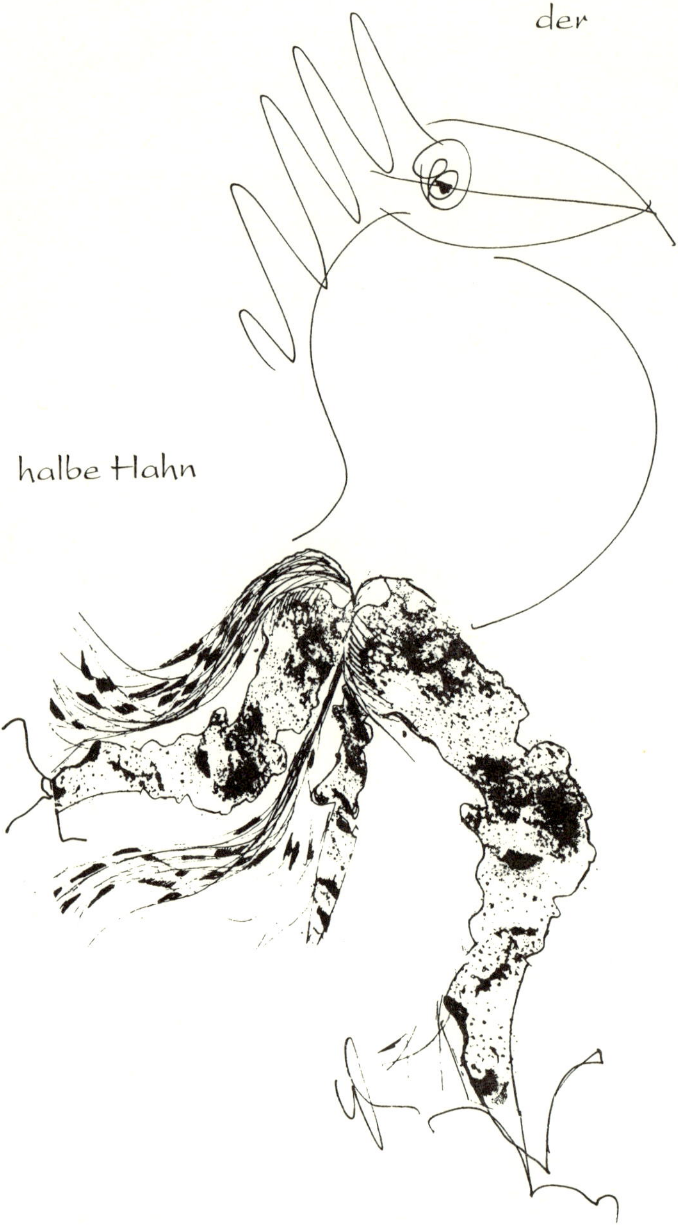

Schwimmkünste

Im Fluß der Geschichte
haben sich nie die besten,
sondern stets die gefälligsten
Schwimmer
über Wasser gehalten.

Eine Staats-Frage

Es wird sich noch zeigen,
was die größere Lüge ist.

Die Wahrheit sagen,
oder die Wahrheit verschweigen?

Das zweite ist diktatorisch.
Das erste eher demokratisch.

Rüstungsverhandlungen

Während
die Schafe
von Frieden blöken,
vergnügen sich
die Falken.

(Beim Taubenschießen.)

Entjungferung

Auch Verteidigungskriege
haben allzu oft schon
ihre Unschuld
verloren.

Chinesischer Frühling

Als endlich Tauwetter
einsetzen wollte,
warfen sie Winter
über erwachendes Land.

(Die feigen Nichtschwimmer.)

Richt-Schnur

Nach dem Putsch
erließ die Junta
eine neue Richtschnur. –

Und hängte
die gesamte Opposition
daran auf.

Fall-Sucht

Männer
stolpern
in die Kriege ...
Um als
Soldaten
zu fallen.

Friedensangst

Hasen
haben auch vor allem Angst.
Auch vor dem Frieden.
Sie ängstigen sich,
nicht zu wissen,
ob sie sich ducken
oder davonlaufen möchten.

Amnestie

ai:
Stimme der Humanität.
Honnecker und Co.:
Räumungsverkauf
übervoller Lager.

Anfänge

Wie kann in finsterer Zeit
nicht Friede werden?
Wo doch der helle Tag
mitten
aus schwärzester Nacht erwächst.

Weg-Weiser

Unsere Gesellschaft
krankt
an zuvielen Wegweisern,
die faul am Rande stehen
und immer nur
die anderen vorschicken.

Markierungen

Manche nennen
den zyklopischen Block
im Strom der Zeit
status quo –
Leichenstein
(die anderen).

Durchblicker

»Es gibt nur
eine Todsünde:
Handeln wider
den gesunden Menschenverstand.«

Sprach der Politiker
und warf sich
in den Wahlkampf.

Leere Drohung

Der Parteigänger
wurde zum Minister
gestimmt.
Und drohte
allen
die Zusammenarbeit an.

Polit-Genese

Politiker werden?
Das ist wie bei den
Schmetterlingen.
Jahre nichts als
fressen, krümmen, kriechen.

Um dann als Schillerfalter
aufzusteigen.

Ernstes Beruferaten

Und ob ich ihn noch kenne,
den Erich:
Maurermeister.

Falsch:
Handlanger.

An-Teilnahme

Über den Hunger
in der Welt
denke ich mir
meinen Teil. –

Von Halbieren
war keine Rede.

Statements

»Pleite«,
sagen die Rentenreformer.

»Das sitzen wir auch noch aus«,
die Kanzler-Mannschaft.

»Geier können warten«,
die Altgedienten.

Höhenkoller

Nach Jahren des Buckelns
nahm er den Kopf
so schnell hoch,
daß ihm schwindlig wurde.

Und er dabei
Verstand und Maß verlor.

Glanz-Lichter

Mit der Einstellung
eines Klugscheißers
kam neuer Glanz
in die Amtsstube.

Denn:
Die hellsten Köpfe
(unter den Ignoranten)
sind immer die größten Leuchter
der Bürokratie.

Potaniker

Der Kriecher war am Ziel
und delektierte sich
an der Flora
des Darmes.

Schon früh liebte er
die Schönheit
im Verborgenen.

Karriere

Endlich hatte er es geschafft.
Nach vielen mühseligen Jahren
ist ihm endlich
der Durchbruch gelungen.

(Dem Magen.)

II
Im Strahlenkranz der Verblendung

Ich singe ein Lied –
bin aber kein

Singvogel

(Das sieht man doch
– oder?)

Homo Erectus

Der aufrechte Gang
ist die eigentliche
Menschwerdung,
weil er Hände frei macht
für tätige Liebe.

Die Macher

Man kann über die Menschen
sagen, was man will.
Sie sind und bleiben
die größten. –

(Wenn sie alles
um sich herum
klein gekriegt haben.)

Lösungsstrategien

Einige tun's rational.
Andere eher gefühlsmäßig.
Glücklichere bemühen beides.

Nur Ignoranten
– verfangen im Strahlenkranz
unendlicher Verblendung –
be-wahren lähmende Ruhe.

Krummbuckel

Lügner
sind dazu verurteilt,
geduckt zu gehen.
Weil:
Die Lüge
verläßt nie aufrecht
den Körper.

Rat-Schlag

Du wirst geschlagen. –

Schlage zurück.
Werde aber nicht hart dabei.
Und vergiß mir
vor allem nicht
wie Weinen geht!

Wohnungsnot

Es gibt Leute,
die niemals Post bekommen,
weil sie nicht
belästigt werden wollen.
Andere,
weil sie keine Zeile wert sind.

Wo möchten S i e
denn wohnen?

Fehlgeburt

Gott schuf den Menschen
nach seinem Ebenbild. –

Eine schwache Kopie.
Denn so vermurkst
kann ich mir Gott
nicht vorstellen.

Hunde-Elend

Ein Mensch träumt,
e i n m a l nur
Hund zu sein. –

Armer Hund.

Ein Hund träumt,
e i n m a l nur
Mensch zu sein. –

Blöder Hund.

Ansteckung

Wenn die Sonne scheint,
wird selbst die
schmutzigste Pfütze
zum strahlenden Spiegel.

Mit Rückantwort

Die Vorsicht:
Zaudern hat schon
vor allerlei Dummheit
bewahrt.

Die Tat:
Und so manche Gelegenheit
verpaßt.

Gärtner-Lehre

Geistiger Kleingärtner
hatten sie ihn genannt
und untergekriegt. –
Klar:
Er hatte vergessen
zu zeigen, was eine Harke ist.

Sci vias

Er brauchte immer etwas länger.

Endlich war es ihm gelungen,
dem Leben
eine neue Weichenstellung zu geben.

(Als längst kein Zug mehr fuhr.)

VIP-Person

Sie ist
so wichtig,
daß niemand fragt:
»Wer ist das?«

Eher:
»Wer ist das nicht?«

Nach-Ruf

Es hatte so enden müssen.
Er hatte es in der Hand.
Und alles hatte gut begonnen.
Hatte auch unsere Unterstützung.
Und hatte alles
in den Wind geschlagen!

Sein Leben war
ein einziges Plusquamperfekt.

Herzensgröße

Er hatte
für alles
ein viel zu großes Herz.

Und starb
an Herzerweiterung.

Boden-Kür

Bei der Gratulation
beugte er sich so tief,
daß er vom Boden
hätte essen können.

(Niemand ist so satt,
daß ihm nicht
noch das kleinste Lob
schmecken würde.)

Vollendung

Kein schönrer Tod
als hängen

(im Baum der Erkenntnis).

Schluck-Beschwerden

Es waren weniger
die großen Brocken,
die er nicht schlucken konnte.
Ein Salzstock
wuchs in seiner Röhre.

Endlagerstätte
für geschluckte,
ungeweinte Tränen.

Trost

Es gibt
Ärgeres als
s t e r b e n –
Arm, krank und dumm
l e b e n.

Lebenskünstler

Nachdem er vom Leben
nicht m e h r kriegen konnte,
übte er sich bloß noch
in der Kunst
des Sterbens. –

Hellwach
und bei bester Gesundheit.

Auskunft

Wenn Tote reden könnten,
würden sie bestimmt erzählen,
daß das Sterben
sich gelohnt hat.

(Oder auch nicht.)

Läßliche Sünden

Die Fehler der Ärzte
hinterlassen
noch die geringsten
b l e i b e n d e n Schäden.
Denn:
Sterben müssen wir
irgendwann, irgendwie
alle.

Vernissage

Avantgarde!
Innovation!

Allein die Künstler
waren so kaputt,
daß sie nur
neue Krankheitsbilder
vorzuzeigen hatten.

Ästheten-Nekrolog

Er war nie
g a n z
ohne Hoffnung.
Denn:
Gestern noch
kaufte er
einen todschicken
Leichenstein.

Das hatte
ich mir anders
vorgestellt

III
Köpfe halten sich am längsten

Kopf-Geld

Du:
Das hätte mir
den Kopf kosten können.

Ich:
Dann wärst du aber
billig weggekommen.

Kopfputz

Bei der täglichen Toilette
putzen die Leute
am meisten den Kopf.
Weil:
Der Kopf hält sich am längsten

(im Grab).

Dauerlösung

Alkohol löst kein Problem.
Verdrängt es bloß.
Nun denn:
Wenn du
jeden Tag besoffen bist,
wird's schon angehen,
bis alles vorbei ist.
Und:
Du hast regelmäßig gelebt.

Blendung

Durch Dunkelheit
wie Überbelichtung
wird man blind. –
Wic die Astrologen
beim Betrachten
der Himmelslichter
mit stockfinsterem Hirn.

Die Gefallene

Ich lese eine Birne auf.
Lustig gezeichnet
mit drei braunen,
weiß gepunkteten Kreisen.
Ganz hübsch.

(Wenn sie nur nicht so faul
und verdorben wäre!)

Hunde-Service

Achtung, liebe Autofahrer!
Auf der A 61
zwischen den Anschlußstellen
Boppard und Emmelshausen
kommt Ihnen ein Hund entgegen.

Erwischen Sie ihn!

Wir melden uns wieder,
wenn das Mistvieh
plattgefahren ist.

Groß-Vater-Rhein

Die Wasserstände des Rheins
stehen auf hohem Niveau.

Wenigstens etwas,
womit sich
der alte Knabe
noch sehen lassen kann.

Früh-Spott

Am Morgen schon
fällt mir
ein ahnungsloser Absender
in die tintigen Fangarme.

Beim täglichen Postsartieren.

Nimmer-Satt

Suche Arbeit,
jeder Art.
(Und blieb doch arbeitslos.)

Weil:
(Aber nur gegen
Bezahlung.)

Himmlische Freude

Sollte ich mich
(wirklich)
mal im Himmel finden,
wird mein Job dort sein:
Rausschmeißer.

(Echt himmlisch, echt!)

Lese-Zeit

Sie las Lyrik –
zart wie Zittergras. –

Der Applaus
ließ Mauern stürzen. –

Ihr brach's das Herz.
(Hypothalamus,
Hypophyse,
Ovar.)

Präliminarien

Erst spitzte er den Stift.
Dann legte er sie parat,
die Blätter,
zuletzt küßte er sie sturmreif,
die Muse. –
Und schlief dann ein
mit dem satten Gefühl,
morgen einen
Bestseller zu schreiben.

Der Fall des Dichters

Nachdem auch das letzte
Erzeugnis
im Papierkorb des Lektors
gelandet war,
zwang ihn der Druckabfall
runter zur Erde. –
(Glatte Bauchlandung.)

Riesenlyrik

Hatte die nebellyrische Nase
voll.
Die Gräs- und Blümelein
satt
und machte ein Riesengesicht.
(Über einen Mammutbaum.)

Die Kritik war sich einig:
Mist zwar,
aber mit entschieden
makroästhetischer Wirkung.

IV
Auf dem Bauch gelandet

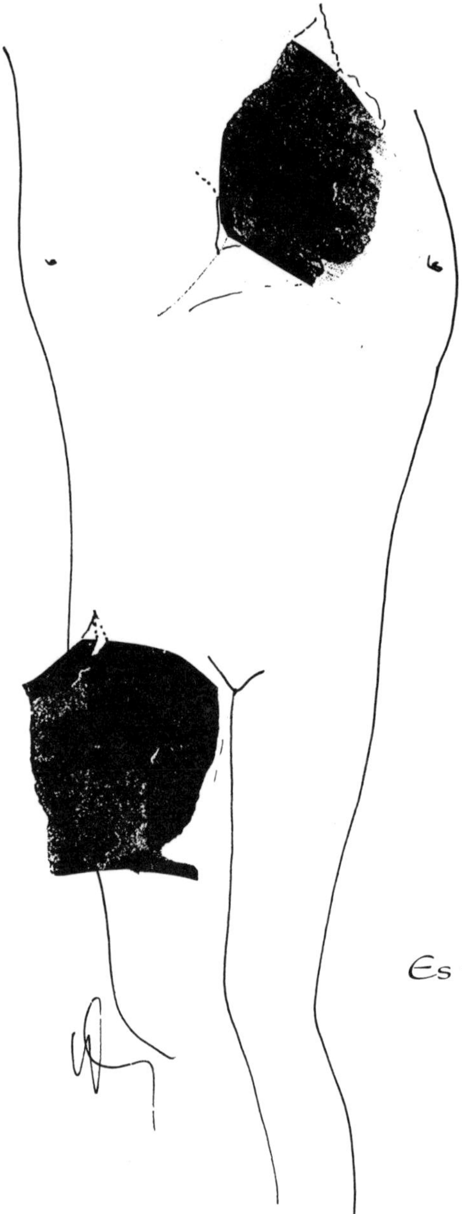

Es weiß ja sonst
niemand

Mit-Gefühl

Die erregendste Sache
in unserer nach wie vor
patriarchalisch geprägten Zeit
ist die tief empfundene Sorge
um die optimale
Stellung der Frau

(im Bett).

Unschuld

Ob ich mit ihr
was gehabt hätte?
–
Bei-Leibe, nicht!

Geduldsprobe

Sollt' ich
deinen Raucksaum küssen,
wart' ich,
daß du Mini trägst.

Strich-Karriere

Margot war immer schon
stellenweise nervös.
Ein richtiges Flittchen.
Hat sich aber
tüchtig gemausert. –

Wozu?
Empfangsdame!

Ent-Mannung

Beim letzten Emanzentreff
ging es besonders
virulent zu.
Trotzdem:
Frauen bleiben (immer)
die schlechteren Männer.

Funkstille

Sie spielte im Leben
nie eine Rolle.
Dachte, sagte,
sah und hörte nichts.

Noch nicht einmal
ihre Beine
standen auf Empfang.

Pour Alice

Die Emanzipation der Frau
ist dann vollendet,
wenn wir uns wieder
wie Pantoffeltierchen
vermehren. –
Unsterblich gleichberechtigt
dann.
Und unendlich langweilig
zuletzt.

Vom Mausen

Wenn ein alter Kater
auch nicht mehr mausen kann,
so liegt er doch
gerne vorm
Loch.

Das Verhör

Ich:
Ich liebe dich – ich
liebe dich – ich liebe
dich – ich liebe dich –
ich ...

Du:
Dadurch wird's
auch nicht besser.

Phantom-Schmerz

Als du
bei mir warst,
spürte ich es nicht. –

Erst, als du
weggingst von mir,
tat es weh.

Wetterlage

Bei unserem letzten Treffen
nahm der Himmel
(war es Freude oder Mitgefühl?)
die Farbe deiner Augen an.

Trüb.

Paßform

Zur Liebe
gehören immer
z w e i .

L i e b e
ist halt nicht
einsilbig.

Kräfte-Vergleich

D i e Eigenschaft
am Mann
schätze ich am meisten,
wenn er seine Schwäche
für große Dinge einsetzt.

An der Frau,
wenn sie ihre Stärke hergibt,
für kleine Sachen.

Dabei gewesen

Im Morgengrauen
(nach dem Polterabend)
schlich der alte Junggeselle
am Tatort vorüber.

Und mit einem:
Da habt ihr's
knallte er ein Schnapsglas
gegen den Container.

Wo mag er sein?

Wo?

V

Auf der Suche nach einem Esel

Existenz-Not

Ich rede:
Also bin ich.

Hätte ich geschwiegen,
ich wäre nicht so allein!

Rückantwort

Archimedes:
Gebt mir einen festen Punkt,
und ich
hebe die Welt aus den Angeln.

Ich:
Gebt mir nur Gerechtigkeit,
und ich
lasse die Welt, so wie sie ist.

Musen-Kuß

Wo andere
einen Knutschfleck tragen,
plage ich mich
mit einem schlimmen Biß.

Aus-Züge

Saul zog aus,
zu suchen seinen Esel
und fand eine Krone. –

Ich zog aus,
zu suchen eine Krone
und fand nur Esel.

Nach-Erziehung

Du sagtest besorgt,
ich möchte doch
mit beiden Beinen
auf der Erde bleiben. –

Dabei hatte ich längst schon
keinen Boden mehr
unter den Füßen.

Frei-Sprünge

Manchmal glaube ich,
in einer subatomaren Welt
zu existieren. –
Ich tu's nach dem Quanteneffekt:
Je mehr sie mich einengen,
desto unruhiger
schwirre ich umher.

Annäherungsversuche

Ein wenig nur
mich selber in die Arme nehmen.
Ein bißchen bloß
mir selbst die Backen streicheln.
Und hin und wieder
zärtlich zu mir sein.

Hearing

Am liebsten höre ich mich
in Selbstgesprächen.
Ich bestimme das Thema,
den Partner,
den Duktus.
Und muß mich am Ende
nur bei mir selber entschuldigen
für all den Quatsch.

Schwächeanfall

Gestern habe ich meinen Vorsatz
über Bord geworfen
und gleich mehrere
zur Brust genommen.

Es gibt aber auch Dinge,
die lassen sich nur
im Suff ertragen.

Lebens-Versicherung

Ich habe mich
gegen – Entschuldigung –
f ü r das Leben versichert.

Die Zeit ist
halt die einzige Partnerin,
mit der man todsichere
Geschäfte machen kann.

Über-Flüsse

Da, wo die Kuh
das Euter hat,
tat es mir morgens weh. –
Am Mittag wollte mir gar
das Hirn überlaufen.
Abends wußte ich es:
Ich hatte mich gestern
nicht gemolken.

Wider-Geburt

Was soll ich denn
mit einer Reinkarnation?

Ich käme sowieso
als Frosch.
(Maus, höchstens,
wegen dem Saugetier.)

Und dauernd gefressen werden,
bringt's irgendwie auch nicht.

Reifung

Häutungen
machen andere
größer, stärker, reifer.

Mich machen sie höchstens
zu einem verletzbaren
Rohling.

Anhänglichkeiten

Du armer, kranker Baum.

Soll ich mich
an dich hängen
aus Mitgefühl,
oder
soll ich mich
an dir hängen
aus Kummer?
Soll ich oder soll ich nicht?

Ich kranker, armer Mann.

Heureka

Immer,
wenn ich mich schlaff
und nieder finde,
nehme ich ein Bad.

(Wegen des Auftriebs.)

Selbsthilfe

Zu lange schon
habe ich mich
in Fremdhilfe
verausgabt.

Habe mir heute
mein e i g e n e s
Spendenkonto eingerichtet.

Ausplanung

Für ihr
enges Kästchendenken
war ich zu unförmig. –

Und taten mich ab
zum Sperrmüll.

Luftverpestung

Als es mir den Atem nahm,
verließ ich flugs
das Chefzimmer.

(Ich glaube Origines:
Dämonen wohnen
in der dicken Luft'.)

Willenserklärung

Obwohl
das Leben
immer anders ausfällt,
als man es sich gerne vorstellt,
will ich so leben,
als sollte ich
morgen sterben.

Größe

Ich stand
am Ufer des Meeres
und warf einen Stein.

Da wurden meine Füße naß.

Ich wußte es:
Ich hatte etwas Großes bewegt.

Ein sehr persönlicher Tip

Wenn ich
d i c h wäre,
wäre ich –

so wie i c h !

Inhalt